정승운 시집

고흐역에서 널 만나면

K-poetry

샘문시선 **1048**

한용운문학상 수상 기념 시집
정승운 시선집

그늘진 땅에 지초는
가녀린 새순을 내밀고

두견이 서럽게 울어대니
핏꽃 두견화가 핀다

산골짝 감고 도는 슬픔이여
어쩌자고 나그네 눈물 찍어내는가

〈춘설, 일부 인용〉

내 작은 몸에
아리도록 스며드는
샐비어꽃 꿀

들 숲에 들어앉아
거리낌 없는 수줍음으로
피어나는 세상과의 첫 인연

〈샐비어꽃 꿀, 일부 인용〉

거미는 날개 없이도 공중을 날아가
한 번도 가보지 못한
갠지스강에서 고흐를 만나고
나는 고흐역에서 너를 만나면
내 것인지 아닌지 묻고 싶다

〈고흐역에서 너를 만나면, 일부 인용〉

님께
_____

년   월   일

_____
드립니다.

도서출판 **샘문**

한용운문학상 수상 기념 시집

고흐역에서 널 만나면

정승운 시집

여는 글

꽃들아 너희는 지면서도
나를 위로하였다

낙엽들아 너희는 순교하면서도
나를 위로 하였다

물진 상처가 고통스럽게 아픈데
조락(凋落)의 슬픔을 건디는 너희를 보며
나는 종이를 몇번이고 찢었다

그렇게 심장이 찢긴 글을 모아
첫 운율를 전한다

봄은 선홍 눈빛을 잃었다
여름은 푸른 눈빛을 잃었다
가을은 갈홍 눈빛을 잃었다

달 하얗고 눈 하얗고 천지가 하얀 겨울날
나는 너희의 아픈 눈빛을 잊을 수 없어
문풍지우는 산방 뜨락에서
힘듦을 치유하는 흑백의 시를 썼다

〈흑백의 시, 전문〉

저의 그간의 시 창작이 쉽지가 않았음을 한 편에 시를 지어 낭창하여 보았습니다.
첫 시집을 세상의 내놓기까지는 아직은 서투른 도전이기에 두려움이 있습니다.

여는 글

저의 부족한 글이지만 외로움과 상처가 많은 독자님들에게 조금이나마 위로가 되고 희망이 되고 치유가 되시길 바라며 제 첫 시집을 두근거리는 가슴으로 내놓습니다.

이 시집을 출간하기까지 저에게 영감을 주시고 많은 지도편달을 해주신 샘문그룹의 회장님이시고 대림대학교 주임교수님이신 이정록 시인님께 마리 숙여 감사의 말씀을 드립니다.

그리고 나의 작품의 화자가 되어준 평생동반자 김샛별 작가와 가족들에게 사랑한다는 말과 함께 첫 시집 출간의 기쁨을 같이하고자 합니다.

아울러 친구와 지인과 저를 아는 모든 문인분들에게도 이 지면을 빌어 고맙다는 말씀을 전합니다. 감사합니다.

2023. 12. 24.

겨울 산방 뜨락에서
정승운 드림

『고흐역에서 널 만나면』에 나타난 사랑의 변전성
- 전통성과 현대성의 계승

심종숙(시인, 교수, 문학박사, 문학평론가)

정승운 시인의 첫시집 『고흐역에서 널 만나면』은 한 마디로 사랑을 갈망하는 이의 그리움, 기다림, 외로움과 고독, 아쉬움 등의 감정을 나타낸 시집이다. 그런데 이 시집이 지금의 독자들에게 어떤 영향을 줄 것인가? 필자가 생각하기에는 사람들 간의 관계들이 삭막해진 현재에 사람들의 마음이 무엇을 지향해야 하는지를 이 시집은 제시하고 있다고 하겠다. 그것은 정승운 시인이 주장하는 대로 사랑이다. 인간이면 마땅히 지니고 살아가야 할 사랑이다. 시인은 그 감정을 아끼고 매만진다. 사랑과 사랑이지 않는 것들과의 길항이 이 시집에 짜여진 언어의 집일까 생각한다. 응당 사랑이 마땅히 안방을 차지해야 함에도 사랑은 그야말로 문간방 신세이다.

정시인은 이런 현실에 대해 안티를 건다. 그래서 그는 불타오르는 마음을 궁글리면서 홀로 외로움과 고독에 놓여있고 그것을 꼭꼭 깨물어가면서 존재 증명을 한다. 그 외로움과 고독을 지닌 자의 존재 증명이 곧 첫 시집으로 열매를 맺은 게 아닌가 생각한다. 시인에게 사랑은 진부한 사랑 타령이 아니라 바로 목숨마저도 내어줄 각오를 한 사랑임을 그의 시가 지니는 긴장을 통해서 나타내고 있다.

평 설

이 시집의 제목에서 알 수 있듯이 그는 분명히 고난의 시기를 인내하면서 기다리다가 고흐역에서 '너'를 만날 것이다. 그것을 희망한다. 그 희망은 하나의 확신으로 이 시집 안에서는 성장해 나간다.

그가 고흐역에서 사랑하는 상대를 만나게 된다면 바로 불확실했던 사랑의 미래가 현실의 사랑이 되어 오는 때이다. 사랑의 종착역이 바로 그에게는 고흐역이다. 고흐역은 실재의 역명이건 아니건 그가 이상으로 하는 상대를 만나는 역의 이름이다. 그에게 사랑은 라이너 마리아 릴케류의 사랑이 아니다. 그에게 사랑은 당위이며 현실이며 실천이다. 그러기에 그는 목마르게 갈망한다. 그가 사랑을 저버리지 않는 이유는 여기에 있다. 그를 둘러싼 세상에 사랑이 부재했을지라도 그는 결코 사랑을 포기하지 않는다. 이것은 어떤 신념과도 같다. 그런 의미에서 고흐역은 단순히 에로스의 사랑을 성취하는 장소만이 아니라 그가 도달해야 할 어떤 이상 세계이지 않을까 한다. 그가 추구하는 사랑은 단순히 정서적 차원에만 머무는 것이 아니라 객관적 상관물을 얽어서 감각적으로 표현하려는 데에 현대시의 기법에도 닿아있으나 그렇다고 해서 그가 전통적 정서를 잊은 것은 아니다. 「춘설」에서 보여주는 시어들은 전통적인 느낌이 강하고 두견새와 두견화, 새순, 나그네 눈물 등에서 오지 않는 임을 기다리는 전통적 서정을 노래하였다.

그늘진 땅에 지초는
가녀린 새순을 내밀고

두견이 서럽게 울어대니
핏꽃 두견화가 핀다

산골짝 감고 도는 슬픔이여
　　어쩌자고 나그네 눈물 찍어내는가

　　칠성별 뜨고 지는 산촌
　　오라는 임은 아니 오시고
　　원망스러운 춘설春雪이 오시는가

　　가파른 세월 가쁜 숨 몰아쉬는
　　깊어가는 봄밤에

　　　　　　　　－「춘설」 전문

　이 시는 아직 겨울이 다 물러가지 않은 음력 2월의 초봄에 나리는 봄눈을 소재로 하여 임을 기다리는 이의 정서를 노래하였다. 그러나 희망적이게 보이는 것은 가녀린 새순이 그늘진 땅에서 내밀듯이 임은 언젠가는 올 거라는 예감을 갖게 한다. 그것은 두견화가 피울음 우는 두견새로 말미암아 피듯이 말이다. 이 시는 봄눈이 내리는 봄밤의 임을 그리는 정한을 노래하여 전통적인 정서로 채색되어 있다. 여기에서 두견새, 두견화, 새순, 춘설이 중요한 시어이고 봄에 내리는 눈도 새순이 돋아나는 것은, 어찌지 못할 거라는 시인의 예견이 깃들이 있다. 그러나 현실의 좀체 오지 않는 임을 기다리는 슬픔이 산골짝의 장소성과 어울려 더욱 처절한 고독, 외로움의 정서를 만들어 내고 있다. 그러나 이러한 전통적 정서가 감각적인 현대시로 변전을 이루어 나간다. 「샐비어꽃 꿀」에서는 당신이 샐비어 꽃꿀로 나의 몸에 육화되었다는 표현으로 이어간다.

　　내 작은 몸에
　　아리도록 스며드는
　　샐비어꽃 꿀

> **평설**

> 들 숲에 들어앉아
> 거리낌 없는 수줍음으로
> 피어나는 세상과의 첫 인연
>
> 뽕잎 갉아 먹은 누에의
> 고운 실로 짜여진 촘촘한 우리 인연은
> 내 가슴속에 그려놓은 한 폭의
> 빛바래지 않는 육화
>
> 쓸쓸한 내 안에서
> 헝클어진 마음을 단맛 향기로
> 가난한 나를 달래주는
> 당신은 샐비어꽃 꿀
>
> — 「샐비어꽃 꿀」 전문

  샐비어꽃 꿀은 미각적 이미지로 당신을 암유한 것으로 당신은 나에게 달콤한 존재이며 가난한 나를 달래주는 나의 임이다. 나의 존재는 어떠한가? 작은 몸이며, 쓸쓸하고 헝클어진 마음을 지닌 가난한 자다. 나의 존재는 이같이 작고 보잘 것 없는 존재이지만 당신으로 말미암아 세상과 첫 인연을 맺고 그 인연이 더욱 촘촘해진 누에의 고운 실로 변화되고 한 폭의 빛바래지 않는 육화로 변화된다. 이 변화는 님에 의해서 창조되고 이끌어진다. 샐비어는 꽃잎이 붉고 꽃꿀을 지닌 부분은 하얗다. 샐비어의 붉은 색과 누에고치의 흰색이 잘 대비되어 사랑을 향한 나의 투쟁이 샐비어꽃처럼 강렬하면서도 꽃꿀을 지닌 흰색은 승리를 상징하는 것일까?

  '육화肉化'라는 시어에서 사랑이 단순히 정서적이거나 감정적이거나 추상적인 것이 아니라 물질적이며 구상적이고 실재 사물로 변전해 나가고 있고 그 종착에는 육화라고 하여 살로 이어진다. 사랑의 관념이 구상화되는 단계이다. 이런 표현에서 시인이 얼마나 사랑에 대해 고심을 하였나를 알 수 있다. 당신이 나의 몸이 된다는 육화에서 촉각과 시각, 샐비어 꿀=임이라는 미각까지 동원된 공감각적 표현으로 임의 실체를 창조하고 있다. 임은 쓸쓸하고 서럽고 슬프며 보잘 것 없는 나의 처지를 임과 육화하여 하나 됨으로써 작은 존재에서 크고 귀한 존재가 되게 한다고 시인은 말한다. 임과의 육화를 이룸으로써 나의 존재 또한 변전 되고 있음을 시인은 깨달았을 것이다. 임을 갈망하고 임과 합일을 이루어, 임이 나의 존재에 육화함은 곧 임=나, 나=임이 되어 새로운 존재가 된다.

「쑥부쟁이」, 「억새풀 연가」, 「담쟁이」, 「용설란」 등도 이러한 나의 처지를 비유하여 쓴 시편들이다. 「아! 부여」, 「아! 팽목항」, 「아들 만나러 가는 길」, 「여수 밤바다」, 「아픔의 묘지, 문화전당」, 「어머니 강이여」, 「백골부대 초병」 등은 역사와 현실 사회의 첨예한 이슈에까지 슬픔을 지닌 작고 낮은 존재들의 현장을 시로 재구성하였다. 「마음」에는 이러한 사회적 약자나 고통받는 작고 낮은 자, 상처를 안은 자, 마음이 부서진 자의 울음을 새의 울음에 비유하고 있고 나의 마음은 그리움으로 울고 있다고 한다. 여기에서 그리움은 바로 울지 않아도 되는, 임이 도래하여 모든 게 기쁨으로 바뀔 세상에 대한 그리움이 아닐까 추정한다.

새가 우는 건가!
새의 마음이 우는 건가!

숲에서 우는 소리인가!
나무에서 우는 소리인가!

평설

새는 보이지 않은데
자꾸 새 우는 소리만 들리네

누군가 날아가는 새 떼를 가리키는데도
나는 여전히 어딜 바라보며 걷는 걸까!

눈을 감으니
숲과 나무가 보이는데

나의 그리움이 우거져 있다
우는 건 새가 아닌 나의 마음이다

— 「마음」 전문

시적 화자 나의 마음은 그리움이 숲이 되어 우거져 있다고 한다. 그 숲속에서 우는 것은 새가 아닌 나의 마음일 거라는 고백은 바로 임이 오지 않는 세상, 고단하고 고독한 세상에 놓여있는 자신을 위해 울기도 하고 타인을 위해 울기도 하는 시인의 마음을 노래하였다. 3연까지는 눈앞에 보이는 숲의 실제라면 4연에서 나의 시각은 눈에 보이는 상징계가 아니라 실제계로 향하고 있다. 분명히 누군가 날아가는 새 떼를 손으로 가리켜도 시적 화자 '나'가 바라보는 것은 현실의 숲과 새가 아니라 심안의 세계이다. 즉 보이지 않는 세계인 실제계의 나의 마음을 바라보고 있다. 오히려 눈을 감으니 숲과 나무가 보이고 거기에는 숲 대신 그리움이 우거져 있고 새가 우는 게 아니라 자신의 마음이 울고 있다고 한다. 이 시구절은 실재와 비 실재를 넘나들고 눈으로 보고 인지하는 세계를 넘어 마음의 눈으로 보이는 세계로 독자들을 이끌어 시적 영역을 확장하고 있다. 「연필」은 바로 이러한 마음의 세계를 갈고 닦고 깎은 세계이다.

갈색 육각 연필 깎아
도화지 하나 가득
그리움을 그리다가
콕콕 점만 찍는다

불씨 같은 생명이
은연히 숨을 트는 마음의 여백

흑연 심 속
슬픔으로 맑아지면

사는 일이
닳고 뭉툭한 연필심 같아

햇무리 빛을 따라
환하게 웃어주는 할머니
쪽머리를 가른다
- 「연필」 전문

   이 시는 3연과 4연의 메시지가 강하다고 할 수 있다. 이 두 연은 시인이 극복해야 할 사랑의 길의 과제이다. '흑연 심 속 슬픔', '사는 일이/ 닳고 뭉툭한 연필심 같아'에서도 알 수 있듯이 시적 화자의 고뇌를 드러내는 부분이다. 그러나 마지막 연에서 '햇무리 빛', '할머니 쪽머리'에서 연륜과 함께 곧고 강하며 하얗게 빛나는 쪽진머리 가르마 길을 만나게 된다. 이 시의 묘미는 할머니에 대한 그리움도 불러오고 그분의 인생도 고단하였겠지만 어린 손주에게 사랑을 주었듯이 그렇게 살아가면서 마음에, 머리에 태양 빛을 두르고 살아온 이들의 삶에 이른다. 연필로 할머니의 쪽머리도 가른다는 것은 전통적인 소재와 어떤 시련에도 강하고 곧게 흔들림 없이 살아온 이 땅의 어머니, 할머니는 사랑을 가족과 이웃들 속에서 살아왔음을 표현하였다.

평 설

 비교적 짧은 시에서 시인의 통찰력과 표현력이 돋보이고 있으며 전통적 소재와 정서가 현대시의 기법과 잘 융합되어 빚어내는 시편이라 할 수 있다. 원래 조선의 여인들은 참빗으로 가르마를 곧게 가르고 댕기머리를 하거나 결혼한 여성은 쪽을 찌었다. 이 전통적 관습에서 나온 소재를 변용하여 연필로 가르마를 가른다는 표현도 즐겁고 자유로운 발상으로 '흑연 심 속/슬픔'의 정서가 재치나 위트의 정서로 밝고 기쁘고 곧고 강한 정서로 넘어가고 있다고 하겠다. 「사랑을 파종하다」에는 제목에서도 알 수 있듯이 대지에 사랑을 심는 실천적 행위로 나아간다.

 아직은 언 땅, 농사일을 하는 것은 아닌데
 나는 삽을 들어 흙을 판다

 겨울비 젖은 작은 새 날개 꺾여 부러진 채로
 빈 나뭇가지에 앉아 쳐다보자
 나는 동작을 멈추고 봄을 맞이하는 거라 말한다

 오랜 세월 고난을 겪으며 살았지만
 지금은 사랑하는 그대를 위해 흙을 판다

 이 순간은 이듬해 오는 봄의 기대감으로 가득하다
 꽃들이 아름답게 필 것이며
 나비들이 날아와 그대 곁에서 다시 춤출 것이다

 겨울비에 지친 작은 새도 날개를 활짝 펴고
 카르만 라인을 나를 것이다

 그렇듯 나는 그대를 빛 한 줄기 들어오지 않는
 언 땅에 심는다

 이듬해 봄에 꽃이 피면 알 것이다

내가 줄 수 있는 유일한 사랑이었다는 걸
그것이 우리 사랑의 씨앗이었다는 걸

- 「사랑을 파종하다」 전문

이 시는 시인의 의식을 잘 보여주는 시편이다. 1연의 겨울비에 젖은 작은 새는 날개가 꺾여 부러진 채 빈 나뭇가지에 앉아서 쳐다본다. 사랑을 파종하려고 땅을 파던 시적 화자는 삽질을 멈추고 봄을 맞이하기 위한 거라고 한다. 겨울비에 젖은 작은 새는 날개가 꺾여 부러졌다. 그겨울이 봄과 대비 되고 날개에 상처 입은 새와 봄이 와서 카르만 라인을 날아가는 새는 대조된다. 겨울이 지나고 봄이 오면 슬픔의 시간이 가고, 이렇게 생명과 기쁨으로 바뀌는 데에는 언 땅에 흙을 파고 파종을 해야 한다.

시인에게 시 쓰기는 어두운 겨울, 상처와 슬픔, 서러움 속에서 봄과 생명, 자유와 치유, 그리고 해방을 이루는 과정이다. 여기에서 사랑은 자신을 사랑하는 행위이기도 하며 그렇게 해서 자신이 나아지면 다른 사람들도 사랑할 수 있게 된다. 이것이 상처를 딛고 봄에 카르만 라인을 날아가는 한 마리 새가 되는 과정이다. 이 과정에서 시인은 힘겹게 언 땅을 파고 씨앗을 파종하듯이 시의 언어를 파종하는 행위가 바로 시 창작이다. 시 창작은 시인에게 사랑의 씨앗을 뿌리는 것이며 사랑을 실천하는 것이기도 하다. 사랑하는 그대를 위해 흙을 파는 행위가 곧 시 창작이기 때문이다. 시인에게 시 창작 행위란 사랑으로 가는 길道이고 도달해야 할 예술적 목표로서 별로 표상된다. 그러므로 이 모든 행동의 실천은 생명이 다할 때까지 걸어가야 할 여행이기에 이상의 '고흐역에서 널 만나면'이라고 한다.

> 평 설

고흐의 귓불을 찾기 위해 KTX가 떠나는 곳
세상에 지친 플랫폼은 어제의 비에 젖고
수없이 되풀이되는 일들이 고흐 역에 닿는다
오늘은 갠지스 강가 어슬렁거리는 코끼리를 만나
이 세상 가장 인간다운 얼굴을 보았다

얼굴을 비추는 처연한 가로등 눈빛
슬픈 일이라 생각했는데
정말 슬픈 일은 매일같이 뜨는 별
일상이라 말하는 너에게, 나는 슬픔이라고 말하며
오를 수 없는 별을 따기 위해
잔뜩 웅크리고 앉아 바라보는 일이었다

고흐, 별이 빛나는 밤은 화폭이 찢겨
너의 그림자는 내 가슴에 짙어지는데
누구도 내 안을 들여다보지 않고
나와 별을 잇기 위해 KTX가 달린다는
시어의 통증이 감당하기 힘든 무게다

거미는 날개 없이도 공중을 날아가
한 번도 가보지 못한
갠지스강에서 고흐를 만나고
나는 고흐역에서 너를 만나면
내 것인지 아닌지 묻고 싶다

- 「고흐역에서 널 만나면」 전문

이 시에는 고흐, 고흐역, 인도 갠지스강, 별, 별이 빛나는 밤이 핵심적인 시어들이다. 시인이 생에서 도달하고자 하는 어떤 것은 별일 것이며, 예술세계의 지향점은 시인에게 고흐였을 것이고 길이 이르는 곳은 인도와 갠지스강이 있을 것이다. 3연의 "고흐, 별이 빛나는 밤은 화폭이 찢겨/너의 그림자는 내 가슴에 짙어지는데/누구도 내 안을 들여다보지 않고/나와 별을 잇기 위해 KTX가 달린다는/시어의 통증이 감당하기 힘든 무게다"는 시인의 처절한 고백일 것이다. 별과 이어지기 위해 KTX가 달린다는 표현은 그 여정에 있다는 뜻이며 창작의 여정일 것이며 '시어의 통증이 감당하기 힘든 무게다'라고 술회한다.

고흐역에 도달하여 '나'와 '너'의 만남이 완전한 일치가 될 때 너는 나의 것이 될 것이며 나는 너의 것이 될 것이기에 시적 화자는 '너'가 내 것인지 확인하고 싶다고 한다. 이 의문은 시의 길, 예술의 길도 역시 끝없이 물으면서 가야 할 길임을 암시한다. 도달해야 할 이상향의 표상인 별을 꿈꾸는 것 또한 시인에게 결코, 쉽지만은 않은 것이듯이. 그러므로 거기에 이르는 동안 시인은 끊임없이 스스로에게 질문을 던질 것이다. 그 질문들이 쌓여서 새로운 시적 언어들이 잡혀 올 것임은 틀림이 없겠다. '시어의 통증'은 바로 창작의 고통일 것이며 '감당하기 힘든 무게'일 테지만 끊임없는 질문들 속에 새로운 언어를 생산해나갈 수 있다. 이 질문은 무엇에 대한 질문이었는지 「저울질」에서 더욱 분명해진다.

내 가슴 저울이
어느 한쪽으로 기울어질까
가늠 중이다

사랑의 무게로
미움의 무게로

내 가슴속은
갈등이 한 짐,
그리움이 한 짐이다

- 「저울질」 전문

평 설

  사랑과 미움의 추 사이에서 끊임없이 미움의 추로 마음이 기울지 않기 위해 그리움과 갈등을 마음의 무게로 지면서 가늠하는 예리한 시인의 눈은 자신을 냉철히 바라본다. 내면으로 향하여 자신을 바라보는 시인은 끊임없이 물어가며 가늠하며 이상인 별과 고흐역에 도달하여 비워진 자기와 만나려고 한다. 너와 내가 하나인 그 자리에서. 그곳에서는 인도인들에게 어머니 강인 갠지스강처럼 '어머니 사랑(아가페)'의 대하大河에 흘러 들어가는 걸 시인은 꿈꾸고 있다. 시인은 그 짐을 지니고 가는 길을 결코, 마다하지 않을 것임을 필자는 안다. 시인의 길을 잘 걸어 문운이 창대하길 바라며 첫시집의 상재를 축하드린다.

샘문시선집

고흐역에서 널 만나면

정승운 시집

여는글 / 정승운 … 4
『고흐역에서 널 만나면』에 나타난 사랑의 변전성 / 심종숙 … 6

제1부 기다리는 춘정

춘설 / 24
봄은 지는데 당신은 아니오고 / 25
고독 / 26
겨울밤 달빛 소곡 / 27
안부 / 28
재회 / 29
사랑이란 바보 같은 것 / 30
산안개 / 31
가을녘 / 32
샐비어꽃 꿀 / 33
선암사에 가면 / 34
선운사 풍경소리 / 35
섬진강 연가 / 36
이별 / 37
손녀 꽃 / 38
손녀와 와불 님 / 39
손자 꽃 / 40
쑥부쟁이 / 41
아! 부여 / 42

제2부 사랑을 파종하다

아! 팽목항 / 44
안부 / 45
아들 만나러 가는 길 / 46
어머니의 강이여 / 48
어쩌면 / 49
억새풀 연가 / 50
여름비 / 51
여수 밤바다 / 52
연필 / 54
외로운 한 말, 그리움 한 섬 / 55
용설란 / 56
손녀와 아기 부처 / 58
원효사 / 59
팔베개 연가 / 60
엄니 사랑 장성호 / 61
저울질 / 62
배신의 묵비 / 63
사랑의 소명 / 64
카톡카톡 / 65
추모공원 가는 길 / 66
사랑을 파종하다 / 68

제3부 강물은 소리 없이 노을을 먹는다

한계령 / 70
홍매화 여인 / 71
마음 / 72
목련꽃 필 때면 / 73
무지개 / 74
아픔의 묘지, 문화전당 / 75
동백꽃 / 76
풍월지교風月之交 / 77
젖어 우는 바람꽃 / 78
천륜의 반란 / 79
백골부대 초병 / 80
아가야 별이 몇 개 / 81
정말 애썼어요, 그대 / 82
귀인이 없다 / 83
강물은 소리 없이 노을을 먹는다 / 84
황혼 / 85
는개비는 내리고 / 86
난 단풍이 되어 당신을 기다립니다 / 87
천년만년 당신만 사랑하겠습니다 / 88

제4부 지독히 그대를 사랑하므로

당신도 가끔 내게 다녀는 가시는지요 / 90
동구 밖 정자나무 / 91
들꽃 친구 / 92
그리움 / 93
나비 타투 / 94
낙조 / 95
낙지 잃는 바다의 슬픔 / 96
내 마음의 무인도 / 98
내가 어떻게 알겠는가 / 99
너 없는 봄이 오면 / 100
지독히 그대를 사랑하므로 / 101
고흐역에서 널 만나면 / 102
공해 / 104
구름 / 105
국화 / 106
귀가 / 107
귀뚜라미 소곡 / 109
그녀가 보내준 책 / 110

제5부 남자가 살아가는 이유

그녀는 페달을 밟는다 / 112
걸레의 순정 / 113
꽃무릇 / 114
학습된 불효 / 115
신의 부름으로 광야로 나갔어 / 116
그녀의 밤바다 / 117
인연의 끈 / 118
너라서 다행이야 / 119
넌 줄 알았는데 / 120
애매한 명 / 121
설목雪木 / 122
그녀는 나의 별 / 123
감수역 / 124
세상에 그런 사람이 있습니다 / 125
내 새끼들 등불이 되어다오 / 126
담쟁이 / 127
남자가 살아가는 이유 / 128
매미의 찬가 / 130
손톱 발톱 / 131
태조산에 눈이내린다 / 132

제1부
기다리는 춘정

춘설

그늘진 땅에 지초는
가녀린 새순을 내밀고

두견이 서럽게 울어대니
핏꽃 두견화가 핀다

산골짝 감고 도는 슬픔이여
어쩌자고 나그네 눈물 찍어내는가

칠성별 뜨고 지는 산촌
오라는 임은 아니 오시고
원망스러운 춘설春雪이 오시는가

가파른 세월 가쁜 숨 몰아쉬는
깊어가는 봄밤에

봄은 지는데 당신은 아니오고

이 봄 다지도록
강나루 잔설 졸고만 있는데

언 눈길의 발자국 소리도
눈 녹은 길, 발자국 소리도 들리지 않네
오지 않는 이, 무정한 님

여울목, 저리 시리도록 토해내는데
저리도 애타는 해빙은
오지 않을 맹세를 기다리는가?

아지랑이 슬픈 구애는
한낮을 넘기고
강물은 마르고 텃새도 떠나고

봄은 언제 오는지요?
보고 싶은 당신이 오지 않으시면
봄이 아니 온다기에

고독

적요한 밤
임 찾는 부엉이 구슬피 운다
낮에는 울지 않고
어찌 밤에만 슬피 우는가?

시퍼런 멍들어 산화하는 낙엽
밤새 내리는 자작비 소리에
외로운 상념은 잠 못 드는데

어쩌자고 부엉이는
내 가슴에 피아노를 그리고
건반을 슬프게 두드리는가?

겨울밤 달빛 소곡

장마철 비바람에 나뭇가지는
꽃도 잃고 열매도 잃었다!

목 잘린 운주사 돌부처
살아온 흔적도 잃어버렸건만
슬퍼하는 이 아무도 없다

하늘도 무너진 쑥대밭 풍경
푸르던 이파리 쓰러져 하늘을 원망하고
발가벗은 채 칼바람을 맞는다

빈 가지에 고왔던 푸른 잎새들
어찌 너를 잊겠는가!

늙은 상수리나무 빈 가지에서
울부짖는 늙은 새 한 마리
겨울밤 달빛 소곡에 눈물이 나네

안부

자다 깨어 마음 둘 데 없어
바라보는 밤하늘

구름 사이에 뜨던 달은
오늘은 보이지 않고

새벽녘에 뜨던
당신의 모습도 보이지 않네

그리 많던 별들도 어디로 가고
빈 하늘만 바람결에 맴돌고

빈 배는
어디로 흘러가는가?
내 임에게 안부나 전해다오

재회

그립다고 울지 마라
외롭다고 울지 마라
그립고 외로우니까 사랑이다
기다리는 아픔을 견디는 일도 사랑이다

그리움이 더 할수록 외롭고
외로움이 더 할수록 그립고
그럴수록 사랑은 더 깊어가나니

구름 속 별을 찾는 것은
그리움 때문이리라
바다로 흘러가는 강물을 바라보는 것은
외로움 때문이리라

바람 따라 걸어가다
물 따라 저어가다
그대 눈물 진주 되어 찬란한 날
우리 다시 만나리

사랑이란 바보 같은 것

우리가 늙으면
등 긁어 줄 이 있어야 한다는데

몸에서 손이 닿지 않는 것
몸에서 가장 반대편에 있는 것
손등과 손금처럼 지척에 두고서도 못 만나는 것
사랑이란 그런 것, 바보 같은 것

신은 앞모습만 볼 수 있도록
두 눈을 어두운 눈으로 재단하였네
그래서 눈먼 그녀는
자신의 등을 바라볼 수 없다네

신은 그런 그녀의 등을
시원하게 긁어줄 수 있도록
가려진 상처와 흉터까지도
나의 사랑을 만들었다네

신은 그녀에게도 돌, 로댕의 등 뒤에서 우는
내 울음 보듬으라 했네
사랑은 그런 것, 바보 같은 것

산안개

하얗게 산등성이에서 피어나는 수피아
밤새워 내린 비가
수피아 품에서 잠시 쉬어 가는가

끝나지 않은 우리의 인연
둥지를 날아간 새는 돌아올 줄 모르고
그리움은 아주 작은 물방울에 젖네

하염없이 슬픔에 잠긴 수피아
그토록 기다리는 임은 오지 않고
아련한 슬픔으로 남아 흐르네

어쩌자고, 어쩌자고 그녀는
녹음 짙은 하늘 밑을 헤매는가!

가을녘

새 떼들
논두렁 전선 위에 앉아 빈둥거린다

악동들의 새총이 햇살을 뚫는다
삿갓 쓴 홀아비
바람 위에서 작두를 탄다

들녘은 황금물결로 출렁이고
타작하는 농부는 곳간을 채운다

콤바인 흔적 위에 낟알로 뒹구는 볍씨
논두렁 건달들 절로 깊어가는 가을 한때에
텅 빈 들녘을 노래한다

샐비어꽃 꿀

내 작은 몸에
아리도록 스며드는
샐비어꽃 꿀

들 숲에 들어앉아
거리낌 없는 수줍음으로
피어나는 세상과의 첫 인연

뽕잎 갉아 먹은 누에의
고운 실로 짜여진 촘촘한 우리 인연은
내 가슴속에 그려놓은 한 폭의
빛바래지 않는 육화

쓸쓸한 내 안에서
헝클어진 마음을 단맛 향기로
가난한 나를 달래주는
당신은 샐비어꽃 꿀

선암사에 가면

선암사에 가면
늙은 송 한 그루 허리를 구부리고 앉아
해우소 가는 길을 가르치며
인간의 번민 비우고 가라 한다

선암사에 가면
졸졸졸 흐르는 샘물 옆에
바가지 하나, 놓여있어
삶에 지친 인간들의 목이라도 축이고
소원 성취하라 한다

선암사에 가면 아버지가 생각난다
아버지는 정화수 한 사발 받아 마시며
자식들 건강하게 잘 살아달라 기도하셨다

조계산 서쪽 어스름
노승 목탁 소리 승선교에 멎고
댕그랑 처마 끝 풍경소리
바람에 정처 없는데

선암사에 가면
누각 강선류에 아버지 앉아 계신다

선운사 풍경소리

선운사 노승의 목탁 소리
당신 아니면 안 된다고 울린다
내가 너무 사랑하니까

선운사 대웅전 처마 끝 풍경소리
당신을 사랑하는 일보다
더 큰 일은 없다고 울린다
네가 너무 소중하니까

선운산 도솔천 흐르는 물소리
이제는 너무 괴로워 그만 잊으라 한다

아 그랬었구나
섣불리 사랑한다며
당신의 빈 마음만 잡았구나

섬진강 연가

섬진강 물안개는 자욱하고
연둣빛 머리 치렁치렁한 수양버들
곱게 빗은 희미한 머리카락은
반딧불처럼 빛나는 당신의 모습인가?

그리움 하나 출렁거리며
안개비 타고 압록교 밑으로 흘러가는
잔잔한 파문이 애잔하다!

물결은 오르락내리락 안절부절
그리움과 안개비가 파트너 되어
누구인가를 끊임없이 부르는 기억들이
어느 구석에 생기가 없는 서러운 몸이다

날은 어느덧 어두워지는데
시린 그리움은 머물 곳 없이 쓸려 다니는 모래톱
목놓아 울고 싶은 늙은 외로움아
태양은 그 얼마나 어리석은 열정이었더냐
굽이굽이 흐르는 쓸쓸한 강물 소리

어디 보자
내 안의 고독은 어디까지 흐르는가!

이별

어떤 소는 팔려나갈 그 날 아침
여물을 입에 대지 않는다고 합니다

순순히 모든 것을 포기하고
도살장에 들어가는 어떤 소는
종종 눈물을 흘린다고 합니다

밤하늘 별이 지면 그녀는 떠날 것 같습니다
차마 그녀를 떠나보낼 수 없어
밤을 꼬박 새우며 밤하늘을 지킵니다

어쩔 수 없이 아침 햇살이 뜨면
떠날 것 같은 그녀의 뒷모습은
내 안의 심장입니다

달빛 별빛 밤새워 곱게 버무려 빚은
정화수 한 사발 띄워 놓고 떠나지 말라
빌어보는 소원은 결코 부질없는 것은 아니겠지요

겨울 는개비는 내리고
동토에 질편한 소 울음이
문풍지를 울립니다

손녀 꽃

해를 닮은
티 없는 웃음소리

어떠한 소리보다
눈부신 언어

눈에 익은
우리네 아름다운 꽃

너로 말미암아 색동의 꿈들이
꽃이 피는 봄이 되고

소망의 씨앗들은
향기로운 열매들로 주렁주렁

줄기마다 하늘을 담는
더욱 겸손해지는 벼 익는 가을

사랑하는 우리 손녀
너의 삶도 향기로운 가을처럼 풍성하렴

할배 할매 사는 동안
너를 보는 날들이 얼마나 될는지

손녀와 와불 님

첫돌도 지나지 않은
첫 손녀를 안고
운주사 와불 님 곁에 앉았는데
손녀가 와불 님의 코를 만진다

천년고찰 운주사에서
천 년 동안 누워계시며
이 세상을 구원하시려고
일어나신다는 와불 님

내 손녀가 찾아와
벌떡 일어나시는 것일까!

이 세상이 얼마나 아름다운가!
손녀의 초롱한 눈망울이
맑고 눈이 부시다!

손자 꽃

태어날 때부터
기쁨을 주고

말을 배우기 전에
포용을 먼저 배워 행복한
너희들이 있어 든든한 세상

부질없고 욕심 없고
누구라도 사랑하고 용서하는
속 깊은 건강한 항아리

찬란한 바다 위에
두 팔을 벌리고
눈 부신 태양으로 열매 맺은
겸손한 마음

천 년이 넘어도
사랑으로 빛바래지 않은
천년바위 얼굴이 되어라

할베 할메 남은 여정
너희들을 볼 날들이
얼마나 될까

쑥부쟁이

연보랏빛 쑥부쟁이
깊은 속살 드러내며
슬픈 색채로 한들한들하네

유기된 시간이었나
겨우내 죽은 줄 알았더니
애잔하게 피었네

흩어진 행려의 날 즈음에
빈 잔 들고 눈만 깜박깜박
처연하게 서 있는 쑥부쟁이

바람 따라 끄덕끄덕
향기의 여정은 끝나지 않아
한 잔 두 잔 초라하고 가여운 한숨 소리
그리움 되어 흘러내리네

아! 부여

하늘이 툭, 낙화암 아우성
바람 소리에 맞춰 떨어져 간 꽃잎들

백마강 망국의 물줄기는 소리 없이 흐르고
패국 천 년을 뼈마디까지 껴안고
쓸쓸히 홀로 지키는 정림사지오층석탑 애달프다

는개는 내리는데
사방천지 울리는, 고란사 종소리
백제 대군의 함성인가!
계백 잃은 백마 울음소리인가!

처자식 목을 벤 계백의 뼈아픈 칼끝은
어떤 피눈물이었을까

무너진 왕조의 하늘은 어디로 가고
떨어진 꽃잎은 미틈달*로 피어난
밤하늘 별이 되었구나

그 어여쁜 새벽 별 하나
서글픈, 부여를 비치고 있구나

*미틈달 : 옛 우리말로 11월

제 2 부
사랑을 파종하다

아! 팽목항

모처럼 공부에서 해방되어
인천에서 제주도로 웃음꽃 재잘거리며
수학여행 가던 단원고 학생들 인솔 선생님

팽목항 앞바다에서는 그 기쁨도 잠시
2014년 4월 16일 세월호 여객선 침몰사고
304명의 고귀한 참사

잿빛 하늘에 검푸른 파도는
울고 우는구나!

배가 바닷속으로 침몰하자
엄마 엄마 아빠를 부르는
아들딸들의 절규여!

내 새끼가 왜 저기에 있습니까
왜 우리 애가 바닷속에 있습니까
아비규환의 바다

아! 팽목항, 팽목항은 울고 있다
이 땅의 살아있는 자들을 향해
모두가 죄인이라고

안부

봄이 왔는데
안부를 전하지 못했어

꽃은 피어
그리움 깊은데

네가
불러주면

이제라도
안부를 물을 참이야

아들 만나러 가는 길

엄마 여기까지 오게 해서 미안해요
이곳에 봄이 오면 두견새 울고 두견화 피지요
여름이 되면 숲은 더 깊어지며
매미는 왜 그리 슬피 우는지 몰라요
가을은 푸른 이파리가 붉게 물들어
한평생 인연을 맺어 살아오다 이별한다니
귀뚜라미는 그렇게 섧게 우는가 봐요

그런데 이놈의 겨울은 나와 똑같아요
두견새도 매미도 귀뚜라미도
나와 같이 하얀 이불을 덮고 잠을 자고 있어요
그 애들과 함께 있어 나는 외롭지 않아요
그러니까 엄마가 내 곁에 와서 나를 깨워도
나는 일어나지 않을 거에요
그냥 깨우지 말고 그냥 곤히 자는 모습만 보고
내 어깨만 토닥토닥 만지고 가셨으면 좋겠어요

그곳에서 나는 조금 아프고
이곳에 와서는 편하게 지내는데
나는 엄마를 평생 아프게 해서 정말 죄송해요
엄마 여기에서 작년 가을 외할머니 만나서
집안 소식 들으며 사랑 듬뿍 받고 있어요

그동안 친구들도 많이 사귀어 노느라 재미있어요
그러니까 엄마 이젠 먼 길 오지 마세요
절대로 슬퍼하지도 마시구요
봄이 오면 두견새 되고
여름이 되면 매미가 되고
가을 오면 귀뚜라미 되고
겨울이면 눈사람 되어서
내가 엄마 곁으로 찾아갈게요

엄마 오시는 길, 마중도 못 하고
엄마 가시는 길 배웅도 못 해서
정말 죄송해요
사랑해요 엄마

***
백혈병으로 먼저 하늘로 아들을 보낸
어느 어머니에게 바치는 시

어머니의 강이여

어디서 오는 지
오늘도 어머니의 강물은
속울음 울며 처절히 흐른다

오냐, 에구 내 새끼
흔들릴 때마다 잡아주던 강물이여
바다를 품은 강물이여

핏빛 여명 새벽을 깨우면
정한수 떠놓고 두 손 모아
자식새끼 무병하게 부디 성공하라
기도하시는
어머니 눈물의 강이여

피눈물이 흐르는 어머니 강에는
물새 한 마리 찾지않고
눈물 젖은 꽃잎만 떠 가는구나

어쩌면

이슬 내린 아침
창문을 열고 하늘을 내다보니
햇살이 슬며시 창문 안으로 들어온다

그냥 지켜볼 수밖에 없는 일
저도 말이 없다
울고 싶은 내 심정을 알기라도 하듯이

풀 한 포기 나지 못하는 그늘진 곳에
참으로
고마운 일이다

저 햇살은 내 눈물을 마르게 할 수 있을까!
어쩌면

억새풀 연가

쪽빛 가을 하늘
무등산 중봉에 흐느끼는 여리디여린 풀

가녀린 줄기 꽃잎은
실바람에 마른 울음 거리며
깊어지는 가을의 어머니

이리저리 찬 바람에 쏠리며
억세게 살아온 세월

너울너울 춤사위는
무희들의 군무인가!

은빛 고운
어머니 머릿결인가!

여름비

여름비가 내리는
한적한 찻집에 웅크리고 앉아
유리창에 흩어지는 빗물을 바라보는데

애달픈 그대 흔적
기억나지 않는 순간까지
빗물에 씻겨 내려갈까!

창밖 바람 소리
이따금 늑골을 사각거리며
그리움의 평행선을 가로지른다

우산도 쓰지 않고 말없이 걸었던
어느 여름날 쓸쓸한 사랑이
무슨 미련이 남아서인지
다시 오지 않을 기약에 속울음을 낸다

어쩌자고 비는 저리도
시간의 실마리를 찾아들며
가슴을 적시며 모질게도 내리는가!

여수 밤바다

여수 밤바다
밤 물살 흔드는 바람 소리
누군가를 애타게 그리워한다

여수 밤바다
여름비 내리는 빗방울 소리
누군가는 애타는 기다림이다

오동도 동백꽃 향기 소소리바람 서걱이고
두견새 우는 소리
너에게 전해주고 싶어

동백섬 동백꽃이 붉은 것은
사랑의 가슴앓이라는 것

너는 눈물이 있어 아파하는데
아파하는 너를 위해 아무것도 해줄 수 없는, 나는
돌산대교 밑에 흐르는
소리 없는 물살과 무엇이 다르랴

여수 밤바다
달빛과 별빛 그리고 흐린 조명등

그 아래 거니는 사람들!
그 사이에 우리의 종이컵 찻잔은 없고
그리움만 쓸쓸하게 물살에 부서진다

여수 밤바다
바닷물은 흐르다가 멈추는 듯
아 아, 애타는 천둥소리
아 아, 애타는 파도의 통곡 소리

연필

갈색 육각 연필 깎아
도화지 하나 가득
그리움을 그리다가
콕콕 점만 찍는다

불씨 같은 생명이
은연히 숨을 트는 마음의 여백

흑연 심 속
슬픔으로 맑아지면

사는 일이
닳고 뭉툭한 연필심 같아

햇무리 빛을 따라
환하게 웃어주는 할머니
쪽머리를 가른다

외로운 한 말, 그리움 한 섬

뻐꾸기가 슬피 우니 두견새도 따라 운다
두견새가 슬피우니 뻐꾸기가 따라 우는가
골짜기 마디마디 우는 소리
외로워서 흘리는 눈물 한 말이다

민들레 꽃씨는 바람에 장대비처럼 날리고
산마루는 여인의 댕기 머리
풀어 헤친 모양으로 누워
진달래보다 더 붉은 그리움이다

가끔 구름이 외로워 땅을 밟듯이
물안개가 그러하듯이
는개비가 그러하듯이
바람은 세월에 실려가서 돌아오지 않듯이

지금 곁에 없는 떠오르는 얼굴은 그리움 한 섬
헐벗음의 쓴잔이다
달빛 지고 바람 불고 두견새 우는 새벽녘
외로움이 구르고 그리움이 운다

용설란

힘들어 정말
내 마음 내가 알아

나의 눈물
너에게 닿았으나

마음엔 닿지 못하고
힘들게만 하고 있어

힘들 거야 그것도 많이
네 마음 내가 알아

지금 흐르는 눈물
설렘이었으나

언제부터인지 몰라도
애타게 내려

인연은 언제고 시작되고
언제고 떠나지만

우리 인연은
백 년에 한 번 피는
용설란이었으면 좋겠어!

손녀와 아기 부처

내 생명보다 소중한
첫 손녀를
가슴에 품고
운주사 가던 날

크기와 얼굴도 각양인
할아버지 부처 아기 부처 바라보며
까르르 웃는 내 손녀
천불산 긴 골짜기 다 가도록
미소 지으며 반가워한다!

할배가 네 할배여서 좋고
생일이 할배와 똑같아서 좋다

소중한 내 손녀
기쁨이 더할 데 없구나

원효사

무등산 중턱에
하늘과 맞닿은 곳
고즈넉한
산사에 오르니

미시령같이
굽이굽이 오르는 길
등에 짊어진 삶이구나

깊어가는 가을
뒹구는 낙엽에 슬퍼하지 말자
세월은 쉼이 없다고
누가 말했던가!

원효사 오르는 길
무등을 울리는 종소리
애절하구나

팔베개 연가

이젠 아침에 눈을 뜨면
침상에서 너를 보았으면 좋겠어!
흐트러진 머리카락 화장기없는 얼굴을 보고
어젯밤 뒹굴며 벗어던진 방바닥에 속옷을 보고
두 팔 기지개를 피며 하품하면서 일어나는
너의 아름다운 향기 맡았으면 좋겠어!

날개가 꺾여 강변으로 돌아갈 수 없는 도요새
이젠 너의 눈물 내 운명 되리니
이젠 내 눈물 너의 운명 되었으면 해
험한 세상 살면서 그런저런 사연 너무 깊기에
우리의 아픔이 그 얼마나 소중한 만남인지 몰라

푸른 하늘 끝에서도 너는 있고
푸른 바다 끝에서도 나는 있어!
아침햇살이 아름답게 침상에 비치면
내 팔베개에서 하품하며 일어나는
널 보았으면 좋겠어!

그렇게
매일 매일

엄니 사랑 장성호

넘실거린 영산강 자락
계곡 깊은 백암산의 물줄기에
내 가슴 적시네

황룡강 상류에 오를수록
출렁이는 바다
넉넉한 마음이여

장성호 고운 물결에
모시옷 갈아입고 가신
울 엄니 얼굴이 떠오르네

백양사 뒷산 허리에
둥둥 뭉게구름 따라
떠가는 내 영혼이여

울 엄니, 배 띄우고
푸른 하늘 바다 노 저으며
사랑 노래 부르고 싶은
엄니 사랑 장성호여

저울질

내 가슴 저울이
어느 한쪽으로 기울어질까
가늠 중이다

사랑의 무게로
미움의 무게로

내 가슴속은
갈등이 한 짐,
그리움이 한 짐이다

배신의 묵비

내가 사람으로 태어나
아직 죽기에는 너무 이를까?

저무는 해를 바라보며
너 없이 어찌 죽을까 걱정했는데
니가 내 가슴을 찔러대니 감사하다

아직도 너에 대한 미련이 남아있다면
내가 너의 손에 피 묻은 칼 한 자루 쥐여줄 테니
과감히 나를 찔러라

내 마음의 뼈다귀 북어 패듯이
잘근잘근 다듬어
너의 찬 손으로 바다에 뿌려라

너를 사랑한 죄 다시는 묻지 말고
내 심장 속에 숨어있는 칼을 뽑아
바다에 버려라

사랑의 소명

당신을 알고부터 당신이 너무 좋았어!
너무너무 좋아
당신의 인생을 책임진다고 하였지

밥도 못 먹고 잠도 못 잤다
도시는 모두 잠이 들어
캄캄한 사나운 바람만 부는데
나는 꿈속에서 매일 당신을 만났어!

이제 나의 운명은
당신을 어떻게 해야 할 것인가야
당신의 청춘과 영혼을 어떻게 책임질 수 있을까야

구름 사이로 쏟아지는 낡은 거리에서
달빛은 별 곁에서
별빛은 달 곁에서
두렵고 어두운 밤을 서로 나누어 책임지고 있는데

카톡카톡

여수에 온 뒤에도
바람 불고 비가 온다

오동도 동백꽃 미소 짓고
카톡 카톡 손놀림이 바쁘다
사랑해 사랑해
외로웠던 시간들은 과거에 존재할 뿐

나를 버리고 죽어서
너도 너를 버리고 죽어서
우린 만난 뒤에 비로소 우주를 얻었다

너와 나
이 세상 하나밖에 없는 영혼의 몸짓
카톡 카톡 카아톡

여수 밤바다 소리 없이 흐르고
아무리 바람 불고 비가 온다 해도
천 년을 넘어 넘어서 카톡 소리를 들으리

사랑해
사랑해
사랑해

추모공원 가는 길

어머니 만나러 가는 길
무상함이 세월과 함께 걷습니다

날새기 무섭게
4남매 새벽밥 지어 밥 먹여 학교에 보내고
하루하루가 편치 않았지만
행복이라 여기셨던 당신의 고운 넋이
소리 없는 갈채처럼 퍼집니다

한 시절 힘든 세상 뒤처져 흔들릴 때
꾸깃꾸깃 모은 적금 털어 주시며
용기 내라 토닥이셨던 당신의 고단한 손
내 어찌 잊으리까

애틋한 당신의 모든 것을
당연히 받아야 되는 줄 알았고
자식들만 오면
아무 이유 없이 함박웃음 지으셨던 얼굴
그때는 몰랐습니다

나 이제 당신의 나이만큼 나이가 들어
당신의 증손주들을 보고 있으면
당신의 그리움이 한없이 사무칩니다

추모공원 가는 길
당신과 마지막 걸었던 거리에 꽃이 피어나고
붉은 진달래도 그렁그렁 눈물이 맺혔습니다

천국에서도
이 못난 불효자식 걱정만 하시는
어머니 생각에 가슴이 아립니다

사랑을 파종하다

아직은 언 땅, 농사일을 하는 것은 아닌데
나는 삽을 들어 흙을 판다

겨울비 젖은 작은 새 날개 꺾여 부러진 채로
빈 나뭇가지에 앉아 쳐다보자
나는 동작을 멈추고 봄을 맞이하는 거라 말한다

오랜 세월 고난을 겪으며 살았지만
지금은 사랑하는 그대를 위해 흙을 판다

이 순간은 이듬해 오는 봄의 기대감으로 가득하다
꽃들이 아름답게 필 것이며
나비들이 날아와 그대 곁에서 다시 춤출 것이다

겨울비에 지친 작은 새도 날개를 활짝 펴고
카르만 라인을 나를 것이다

그렇듯 나는 그대를 빛 한 줄기 들어오지 않는
언 땅에 심는다

이듬해 봄에 꽃이 피면 알 것이다
내가 줄 수 있는 유일한 사랑이었다는 걸
그것이 우리 사랑의 씨앗이었다는 걸

제 3 부

강물은 소리 없이 노을을 먹는다

한계령

설악산 손등과 손금을 둘러업고
뜨거운 가슴으로
너를 기대어 울고 싶다

첩첩산중 뜨는 별꽃
한계령, 고개 넘어 떠나버리면
다시는 못 올 것 같아
차마 너를 보내지 못한다

울고 있는 내설악 울지마라 하고
미소 짓는 외설악 잊어버리라 하고
한계령 부수는 빗방울
바닥을 짚는데

동해에서 불어오는 바람
여인의 뒷모습 보듬은
태곳적 사랑이 너무 애닯다

노을 진 서러운 산마루
억새에 메아리는 그칠 줄 모르고
피륙이 벗겨지는 겨울 길
물 밖의 물고기 숨이 멎는다

홍매화 여인

칼바람 속에서도
당신은 피맺힌 한을 틔웁니다

서설 내리는 눈 속에서도
붉은 치마저고리 여미고 서성입니다

봄비 내리는 빗속에서도
당신은 한 눈, 팔지 않고 임을 맞습니다

계절이 가고 임도 가시고 나면
설레는 마음 고이 간직하였다가

흥건한 젖가슴 여미는 봄날
임이 돌아오실 봄날 기다립니다

마음

새가 우는 건가!
새의 마음이 우는 건가!

숲에서 우는 소리인가!
나무에서 우는 소리인가!

새는 보이지 않은데
자꾸 새 우는 소리만 들리네

누군가 날아가는 새 떼를 가리키는데도
나는 여전히 어딜 바라보며 걷는 걸까!

눈을 감으니
숲과 나무가 보이는데

나의 그리움이 우거져 있다
우는 건 새가 아닌 나의 마음이다

목련꽃 필 때면

여지없이 봄이 오면
개봉동 우리 집엔
규방 규수가 찾아옵니다

집들은 나지막이
여기저기 곱게 줄 서 있고
단아한 규수는 모퉁이 담장으로
환한 자태를 뽐냅니다

목련꽃 필 때면 그 시절의 추억이
엉금엉금 다가옵니다

"내 새끼 제대하려면
목련꽃이 3번 피고 지겠구나"

군대 영장 받아든 나를 바라보시며
젖은 소리로 짠하게 바라보시던
그리운 어머니 얼굴

목련꽃 필 때면 젖은 눈빛의 여인
보름달 떠오듯
감미로운 추억은 깊어만 갑니다

무지개

비가 내리고 갠 하늘은
얼마나 아름다운가

걱정을 이겨낸
나의 사랑이 뜨고 있다

널 사랑한다는 것은
이렇게 지독한 속울음 낸다는 것을
그때는 몰랐다

천둥과 비바람 상처를 인내하고
마침내 칠색 꽃 피워낸 저 무지개를 보아라

이별에 데인 자리에
이 세상에서 가장 아름다운 사랑이 뜨고 있음을

아픔의 묘지, 문화전당

그때 군홧발이 있었다 광주가 짓밟히고 있었다
쓰러져 간 민초들의 항쟁은 어떤 함성이었을까
핏물이 흘렀던 광주천 강물은 어디로 갔을까
무등산 평등 자유는 어느 곳을 향해 있었을까

신군부 총칼에 맞서
목숨을 잃을 용기는 내겐 없었다
피눈물 아직도 모자라 증심사 골짜기에 흐르고
죽어간 생이별 아직도 끝나지 않아
무등산은 엎드리어 소리 없는 속울음이다

열 손가락 손톱 끝에
봉숭아 꽃물 붉게 타던 오월의 빛
핏물 자국 무늬 진 격전지는
아픔의 묘지, 문화전당 건립 미명 아래

황산벌 흙먼지 되어 무너지고
잔인했던 오월은 세련된 건물 지하에
그날의 아픈 역사를 가둔 채
옛 전남도청은 오늘도 묵언 수행이구나

동백꽃

바다를 그대가
사랑하는 그대가
하얀 화폭에 그림을 그린다

고래 한 마리
바다는 내가 주인이라고
훌쩍 뛰어올라 화폭을 스치자

그대가
내가 사랑하는 그대가
그림을 그리다 말고
바다에 몸을 던진다, 풍덩

붉은 동백꽃 한 송이
여수바다를 품는다

그대가
내 사랑이

풍월지교風月之交

바람이 외로워 동무하자고 하면
안겨오는 대로 품으시고
소원하는 대로 동무하세요

바람이 만월 그대를 사랑한다고
평생 연인하자고 고백하면
偕老同穴 한다고 약속하세요

구름 사이로 별이 찾아와 마중하듯
사랑도 와서 머물겠지요
바람에 흔들려 슬픈 갈대처럼
아픔도 와서 머물다 가고
밤새도록 문풍지 흔들던 삭풍도
그렇게 머물다 가겠지요

바람이 울다 지쳐 동무하자 찾아오면
오는 대로 그냥 달무리 지어주시고
바람 소원하는 대로 동무하세요

※※※※
해로동혈偕老同穴 :
평생을 함께하며 같이 늙고,
죽어서는 무덤도 같이간다

젖어 우는 바람꽃

바람이 머물다 떠난 자리
풀꽃이 흔들리는데

비록 술 한잔 사주지 않았지만
젖어 우는 너를 보며
외로움을 견디는 일이다

나비는 날아가 돌아올 줄 모르고
강물은 흐르다 멈추었는데
어느새 나의 머리는 하얀 설화가 피었다

바람은 종종 불면서 당신의 빈 자리에
잠시 앉아 있다 가는데

당신도 그렇게
단 한 번만이라도 바람처럼
슬며시 왔다 가면 안 되는가?

저렇게
바람은 머물다 가는데

천륜의 반란

고려장 같은 아버지 요양원의 하루는
어떤 외로움이었을까

그 외로움의 눈물은 어떤 기도였을까
그 아무도 찾지 않는 고독의 시간은
하늘나라의 어머니와 가까워지는 시간이었을까

그 누구도 도려낼 수 없는 당신만의 세월
그 외로운 바다의 끝은 어디였을까!

낡은 침대의 관절은 삐걱거리고
하얀 고독을 덮고 누운 힘없는 외침은
어떤 애처로운 천륜의 끈이었을까

연둣빛 계절은 가고 나뭇잎 진 겨울 어느 날
당신의 외길 고집은
더없이 갈대처럼 여위어 초라해 보이고

누구나 사람들은 시든 꽃을 버리듯이
그 꽃을 버린 천륜의 반란은 아니었는지

백골부대 초병

백골부대 중부전선
어둠과 적막으로 고요하기만 하고
북풍의 매서운 눈바람은
나의 온몸을 휘감아 때린다

이 밤도 나는 M16 소총을 굳게 잡고
강추위에 움추렸던 얼굴을 들어
시선의 각을 잡고
철책선 넘어 북녘땅을 바라본다

전선 능선마다 골짜기마다
핏빛 서린 넋들의 울음소리가 들리는 듯하고
늙고 병든 긴 침묵은 설한에 젖는구나!

철책이 가로막힌 GOP 전선의 밤하늘엔
유난히도 눈바람이 몰아치는데
집 떠나온 사나이는 두고 온 한 여인과
부모 형제 못 잊어서 눈물 흘린다

***
1981년 1월 추운 어느 날
백골부대 수색대대 초병 근무 중

아가야 별이 몇 개

엄마 없는 우리 아가
울다 지쳐 잠든 속눈썹에
눈물 같은 별이 몇 개

자다 깨어 바라보는 밤하늘엔
떨어질 듯 깜박이는
눈물 같은 별이 몇 개

밤하늘 구름 위로 별 하나 뜨고
밤하늘 구름 위로 별 하나 지는데

우리 아가 가슴속에
깜박깜박 젖어 우는 저 하늘 별이 몇 개

정말 애썼어요, 그대

늙고 가난한 내가
너의 손을 가만히 잡는다

가파른 절벽을
순간순간 잘 건너왔다고
정말 애썼다고

봄 끝자락
바람도 살포시 너의 손을 잡아주는
잠 못 드는 밤

내 눈물 한 방울이 네 손등에
그대 눈물 한 방울이 내 손등에

귀인이 없다

시드는 꽃잎을 흔드는
바람 소리에 울었다

슬픔 인지 분노인지
귀인이 떠나간 것만큼
나의 몸무게는 가벼워졌다

나 혼자 흐르는 눈물
남이 볼까 몰래 입술을 깨물며
하늘의 구름을 본다

구름도 나처럼 가벼워졌는지
바람에 맥없이 쓸려간다

하늘도 텅, 비었다
거기 그 자리에 귀인이 있었는데
귀인이 없다

강물은 소리 없이 노을을 먹는다

어느새
노을 진 나의 세월

적막에 신음하며
한숨 쉬는 고단의 연륜

어깨 위에 떠 있는
달빛은 보이지 않고

흐르는 강물에
그림자만 헹군다

바람결에 흔들리는 파문
끝없이 나를 데리고 가며

돛폭이 찢겨 떠나버린
이별은 그리움으로

강물은 소리 없이
노을을 먹는다

황혼

울지 않아도
이미 와 있는 너
내 생애의 어느 끝에 가면
네 모습은 어떤 빛일까!

누구나 언젠가는
이승과 저승을 잇는
흰 베옷 한 벌 입고 떠나는
바람과 흙이 되는 이별임을

나를 속일 수 없는 너
부질없이 흘리는 눈물
어디쯤에서 그칠 것인지

는개비는 내리고

나의 고독은 밤마다 번뇌의 뻘밭이 되어
질펀 이는 그리움입니다

지금 그대는 보이지 않지만
그대 흔적은 내 가슴에서 허우적거립니다

바람이 불고, 는개비가 내리면
과거는 남아서 추억의 두레박이 흔들거리고

한강 하구의 여러 샛강이 역류하며
미라보 다리 아래를 흐르는데

밤하늘은 긴 시간의 침묵으로
내 변치 않는 영혼의 지울 수 없는
그대의 요람입니다

는개비는 내리고
달빛은 보이지 않고
기억은 촛불처럼 그대 향한 그리움만 타오릅니다

난 단풍이 되어 당신을 기다립니다

나는 외로워 단풍이 되겠습니다
당신이 걷기 편한 둘레 길 만들어 놓고
거기에 항상 있겠습니다

누가 와도 좋지만, 당신이 와서 거닐면
애송이 잎새 시절에 볼 수 없었던
붉게 물든 화려한 오색빛깔이
당신의 가슴 시림을 환하게 할 것입니다

조개의 눈물이 빚어주는 진주가 아름답듯이
혹한을 맞는 늙은 잎새는 잔잔한 은물결로
우리의 인연은 천생에서도
못다 이룬 사랑이 붉은 천년화로 피어날 것입니다

이슬을 머금고 서 있는 단풍은
당신만 바라보겠습니다
그렇게
천 년을

천년만년 당신만 사랑하겠습니다

당신을 바라보고 서서
사랑한다는 말은 내 눈 속에 있고
당신의 뒷모습을 바라보고 서서
가지 말라는 말은 내 눈시울에 있습니다

사랑한다는 것
가지 말라는 것
모두 입속에서 맴돌다 삼킵니다

다시, 한 번 태어난다면
천년만년 당신 곁에 남아서
구름이 되고 바람이 되고
밤마다 뜨는 별이 되어서라도
당신만 바라보겠습니다

그렇게
오래오래
당신만 사랑하겠습니다

제4부
지독히 그대를 사랑하므로

당신도 가끔 내게 다녀는 가시는지요

비는 그치지 않고 다시 밤이 온다
몸이 눕는 밤이면 혼미한 꿈속 세상을 떠돌다
간간이 당신을 만나기도 하고
아이들 얼굴도 보이기도 하는데
당신도 그렇게 가끔 내게 다녀는 가시는지요

내가 당신과 아이들을 위해
달빛 아래에서 불러준 반달노래 듣고는 가시는지
심어놓은 계수나무 텃밭을 둘러보고는 가시는지
막내딸 대학교 입학식 날 셋이서 손잡고 걸었던
단국대 천안 캠퍼스 걸어 보기도 하시는지요

남루한 살림 달그락거리는 저녁 짓는 소리
다섯 식구 정답게 밥 먹던 풍경 보기도 하시는지
첫아이 낳을 때와 큰딸아이 결혼식 날
내가 흘린 눈물을 닦아주던 그 곱던 마음으로
나를 다시 보듬어 줄 수 없겠는지요

나는 오늘 밤에도 당신을 보고 깨어났는데
내가 운다고 당신도 우는 건 아닌지요
지금 우리에게 내리는 비는 곧 그칠 것이고
새벽은 아직 아물지 않는 가슴 아린 멍인데
당신도 잠깐만이라도 내게도 다녀는 가시는지요

동구 밖 정자나무

마을 어귀의 늙은 정자나무 한 채
길을 가다 시선이 멎네

어린 시절 여름날 개울가서 물장구치고
겁 없이 팽나무에 오르내리던 악동들

어른들은 긴 담뱃대 입에 물고
장기판 앞에서 장군이야, 멍군이야
세월을 실어 나르는 항구였고
동네 아낙들은 집안 대소사 얘기와 바깥소식을
전하는 방송국이었네

세월의 세파에 얼마나 시달렸는지
곧게 뻗어 올린 가지 하나 없고
구불구불 고개만 숙이고 있네

그 시절 정겨웠던 정자나무에는
미역 감던 악동도 장기 두던 노인도
수다 떨던 아낙도 모두 떠나고
지금은 누가 터를 이루고 있는지
무성한 잡초만 자라 그리움만 더하네

들꽃 친구

모질게도 짓밟혀도 피는 꽃
질긴 생명력의 소생에
자꾸만 눈길이 가네

보기 흔한 꽃이라고
함부로 밟지 마시라
들꽃 가슴에도 장미 철쭉 벚꽃처럼
아름다운 꿈이 있다네

이름 없는 꽃으로
세상에 태어나
잡풀이라 불린 들 어떠랴

오래된 친구 같아 정겹다
들꽃이라
그냥 아름답구나

그리움

떠난다고 말할 때
보내지 말았어야 했는데
그렇게 보내놓고
내 외로운 가슴앓이
그 누가 알까!

너 떠난 지 오래
그리움은 물안개 되어 피어오른다!
너만큼은 내 안에
영원히 머무를 줄 알았는데

지우지 못한 그리움 때문일까!
산등성 걸쳐 있는 노을에
내 그림자는 길어만 가고

한 송이 못다 핀 꽃
물안개에 옷깃을 적신다
그리움을 적신다

나비 타투

누에 한 마리 한올 한올 명주실 뽑아
순한 잠 깨는
그녀의 발목 실핏줄로 들어간다

전생에 얼마나 큰 죄를 짓고 왔길래
귀 멀고 눈도 먼 누에의 짧은 생은
저리도 쓸쓸한 영광인가

긴 밤 내내 뽕잎 갉아 먹는 울음은
그녀의 말 못 할 결벽에 갇혀
한 모금 뿜어내는 세월의 수를 놓는다

나비는 몸속에서 떠돌고
정적을 휘감고 침묵하는 슬픈
그녀를 움켜쥐고 세상 모든 것 돌려세우고
비단 폭에 눕는다

낙조
– 아버지

고된 여정의 낡을 대로 낡은 신발을 벗고
요양원 삐꺽거리는 침대에 노인이 누워 있다

"세상에 지지 마라" 백 년도 못 살면서
하루도 쉬지 않고 곰탕 우려내듯
자식들 걱정하며 쉼 없는 노동을 하였다

어느새 시커멓게 늙어버린 고목 나무
지난날의 작열했던 태양이
화르륵 요양원 창문을 비집고 들어와
쓸쓸한 황혼을 초서체로 눕혔다

아버지는 자신의 벼랑을 저만치 밀어내고
온기도 다 쏟아버린 채
긴 밤의 고독한 여행을 기다리고 있다

낙지 잃는 바다의 슬픔

인간
참 고약하다

손안에서 몸부림치는
낙지의 모가지를 비틀고 비틀어
청양 고추장 풀어 지글거리는 불판에 올리고
젓가락으로 사정없이 헤집는다

바다를 떠난 낙지는
벌겋게 달아오른 화염 속에서
두고 온 새끼들 얼마나 그리운지 몸부림친다

낡은 불판 위에서 죽어가는 동안
낙지 잃은 바다는 또 얼마나 가슴 아프겠니?

낙지의 애잔한 운명 나와 같은데
이미 떠난 사랑은
오늘은 술잔과 그리움이 불판 위에서 꿈틀댄다

잊혀진 한 톨의 기억들이
시뻘건 불판 위에서 보글보글 끓고 있는데

낙지 몸통 하나 입에 넣어
우물거리며 씹어 먹는 내가 잔인하다

내 마음의 무인도

섬에는 사람이 없다

모래톱 할퀴고 지나가는 해풍에
맥없이 휘둘려져 모두 떠나가고

종아리 후려치는 파도 소리와 방풍림만
질긴 인연 등에 업고 맨 둥치로 서 있다

모가지가 뚝뚝 부러진 동백 꽃송이
기억나지 않는 곳까지 세상의 속내가 깊어진다

바다는 갈매기조차 찾지 않는 섬 주위 맴돌고
해류 시발점인 섬은 바다의 고백을 듣는다

내 마음 열리지 않는 입구마다
섬 한 채씩 들어있다

내가 어떻게 알겠는가

창문도 두드리지 않고 가을이 왔다 가는가
창문을 두드리지 않고 왔다 가는 속마음을
내가 어떻게 알겠는가

바람은 그대 없는 빈 뜰에 슬그머니 왔다 가고
오므라지는 국화 꽃잎의 속 깊은 주름을
내가 어떻게 알겠는가

쓰다 만 휴대폰 아직도 버리지 못하고
그대의 저장된 사진과 번호는 그대로 남아
떨어진 낙엽처럼 뒹구는데

그렇게 찬 바람이 몹시 불던 날
차갑게 떠난 버린 그대의 마음

비록 새들이 내게 침을 뱉고 가지만
그래도 다시 돌아올지 말지는
내가 어떻게 알겠는가

이미 떠나간 마음을
내가 어떻게 알겠는가

너 없는 봄이 오면

너 없는 봄이 오면
어찌 아름다운 봄을 맞으랴

너 없는 봄이 오면
어찌 쓸쓸한 봄을 견디랴

설산 기슭 순백이 녹는 동안
눈보라 지나간 흔적 내 눈에 보여
널 바라보는 내내 아파했다

이제 눈은 그쳤는데 너는 아프지 않을까!
이렇게 아프면 너는
봄 햇볕으로 메마르고 거친 들녘에
한 송이 꽃으로 내려앉아 내 곁에 있을진데
누가 와서 또 너를 밟으면 아프지 않을까!

너 없는 봄이 오면
들녘에 아무리 아름답게 꽃이 핀 들
어찌 아름답다 말 할 수 있으랴

너 없는 봄이 오면
이 서러운 세상 어찌 살아갈 수 있으랴

지독히 그대를 사랑하므로

내가 울고 있는
그대에게 할 수 있는 건

그대를 주머니에 넣지 않고
아침햇살이 들어올 때까지
오래오래 들여다보는 것

그대 심장 속에 비치는
내 얼굴을 보는 것

썩어 문드러져 자취도 없을 만큼
그대가 그리웠으므로
내가 외로웠으므로
그리고 지독히 그대를 사랑하므로

고흐역에서 널 만나면

고흐의 귓불을 찾기 위해 KTX가 떠나는 곳
세상에 지친 플랫폼은 어제의 비에 젖고
수없이 되풀이되는 일들이 고흐 역에 닿는다
오늘은 갠지스 강가 어슬렁거리는 코끼리를 만나
이 세상 가장 인간다운 얼굴을 보았다

얼굴을 비추는 처연한 가로등 눈빛
슬픈 일이라 생각했는데
정말 슬픈 일은 매일같이 뜨는 별
일상이라 말하는 너에게, 나는 슬픔이라고 말하며
오를 수 없는 별을 따기 위해
잔뜩 웅크리고 앉아 바라보는 일이었다

고흐, 별이 빛나는 밤은 화폭이 찢겨
너의 그림자는 내 가슴에 짙어지는데
누구도 내 안을 들여다보지 않고
나와 별을 잇기 위해 KTX가 달린다는
시어의 통증이 감당하기 힘든 무게다

거미는 날개 없이도 공중을 날아가
한 번도 가보지 못한
갠지스강에서 고흐를 만나고
나는 고흐역에서 너를 만나면
내 것인지 아닌지 묻고 싶다

공해

울 다 지쳐 바라보는 썰물 진 바다
그대 모습은 보이지 않고
그대 떠난 빈자리에
덩그러니 좌초된 빈 목선 하나

해미 깔린 새벽녘
태풍이 지나간 빈 바다의 적막은
그대의 조용한 울음인 것을
그대가 버리고 간 외로운 시간인 것을

어쩌자고 나는
머물지 않을 걸 뻔히 알면서도
흘러갈 줄 뻔히 알면서도
돛대도 없고 삿대도 없는
쓸쓸한 빈 목선만 붙잡고 있는 걸까

헐벗은 빈 목선 '바람에 스치운다'

***
바람에 스치운다 : 윤동주의 "서시" 인용함

구름

멀리
아주 멀리 닿지 못하는 곳까지
구름은 흘러간다

편애(偏愛)를 앓는 침묵으로
갈대의 흐느낌을 토해내고
창밖에 흐르는 빗물은
울음의 발자국을 지운다

허공에 뒹구는 방랑자
무엇에 여운이 이토록 남아서인지
모양이 다른 모습으로 갈피를 잊은 채
길 잃고 방황하는가?

국화

눈물이 엉킨 한나절
님의 말씀 같은 봄볕이 따사롭다

검은 양복으로 갈아입고
장례식장으로 간다

상주들은 관에 매달려서
더는 나오지 않는 마른 눈물 터트리고

영정사진 아래를 장식했던
노오란 국화를 한 줌 안고
리무진에 오른다

저 긴 잠의 고독
실눈썹 끝에 머문다

귀가

가끔 두 아들과 만나는 그녀는
아들들이 커가는 모습이 얼마나 대견스러운지
아들들 얘기할 때는 너무 아름답다

전교에서 일등을 했다고 엄지척하고
반장이 되었다고 으쓱으쓱하며
훌쩍 자란 등뼈를 만지며 토닥토닥
잠든 얼굴을 한 번씩 어루만져 본다

그녀가 좋으면 나도 좋고
그녀가 기쁘면 나도 덩달아 기쁘고
애들은 그녀를 닮아 예쁘고 영리할 것 같다

만나고 헤어질 때까지의 모든 순간은
어쩌면 그녀 삶에서 최고로 행복한 시간일 것이다
나는 어디서 이렇게 따뜻한 행복을 볼 수 있으랴

기차는 기적소리를 울리며 오고
애들은 아빠가 있는 집으로 가기위해
열차에 오르고 나면
그녀는 조심히 가라고 손을 흔든다

엄마를 지켜보는 두 아들도
어서 집에 들어가라고 손을 흔들고
엄마와 아들들의 넘실대던 노래가
플렛폼 속으로 사라지면

애잔한 음악이 정처 없이 스잔할 것이다.
기차가 애들이 사는 집으로 가는 동안
기쁜 노래도 애잔한 노래도
그녀의 가슴에 오랫동안 사무칠 것이다

붉은 단풍이 가득 찬 가을 밤하늘
준이와 건이의 눈물 한 방울 그렁그렁
엄마의 눈물 한 방울 그렁그렁
그걸 내려다보는 별들의 눈빛이 반짝반짝

귀뚜라미 소곡

네가, 지독히 그리운 가을
엎치락뒤치락 새벽녘까지 잠 못 이루는데
너는 왜 이리 울고 있느냐

깜깜한 세상에서 귀뜰귀뜰
그러고 보니 나도 울고 있구나

지난번에는 외로운 벼랑 끝에서
혼자 쓸쓸히 울었는데
이번에는 너라도 있어서
그리움에 흠뻑 젖어서 울고 있구나

기다리는 KTX 대합실 휘영청 달빛 아래
내 가슴은 흐느껴 우는데
너도 창가에 홀로 앉아 임이 그리워서
그렇게 슬피 우는 것이냐

그녀가 보내준 책

그녀가 보내준 책,
차디찬 잠자리에서 가슴에 품고
그녀의 눈동자를 더듬어 갑니다

정독하며 읽었을 그녀 모습
그대로 내게 왔습니다
목차도 쪽수도 내용도 알 수 없는
내게는 생소한 성서의 책

그녀가 침 발라 넘기며
밑줄과 형광펜으로 구절구절마다 머물며
나를 부릅니다

몸을 꽂아 읽어도
도무지 해독할 수 없는 오독이 되고
내 감정은 그녀 생각으로만 독법이 됩니다

그 가을 끝자락 절룩이던 생의 절벽에서
서로 멍든 가슴을 쓰다듬으며
그녀는 나의 운명을 긋고
오늘 밤은 그녀 책에서 내 영혼을 긋습니다

***
책 : 목적이 이끄는 삶(릭 워렌)

제 5 부
남자가 살아가는 이유

그녀는 페달을 밟는다

그녀는
파아란 헬멧을 쓰고

당차게
페달을 밟는다

파랗게 펼쳐지는
자전거 라이딩

동그라미 두 개가
창공을 나른다

학
한 마리 날고 있다

걸레의 순정

내가 버린 외로움을
너는 외로움을 주워 그리움으로 쓴다
네가 버린 외로움을
나는 외로움을 주워 사랑으로 쓴다

너는 그리움이 다 해지도록 걸레를 만들어
나는 사랑이 다 해지도록 걸레를 만들어
서로 가슴속을 닦으며
마음을 울리고 상처를 주기도 하고
어떤 날은 서로의 프레임 속에 갇혀
용서받을 수 없는 죄를 범하기도 하지

누가 너더러
누가 나더러
서로의 아픔을 보듬으라 했던가!

어차피 어차피
우리의 인연과 운명이 만날 수밖에 없다면
다 해지고 해진 걸레가 되도록 닦고 살아가리

창밖에 바람이 불어 먼지가 앉았다
우리 두 손 꼭 잡고
걸레로 먼지를 닦으리

꽃무릇

선운사 도솔암
도솔천 계곡마다 울리는
노승의 목탁 소리
중생들 마음속에 길 하나 내네

선운사 계곡마다
줄 서 있는 꽃무릇
이루지 못한 인연의 아쉬움
보는 이들 마음속에는
흐느끼는 소리 얼룩지네

꽃무릇 길 걸어가며
한 시절 열병 앓았던 젊은 스님
사랑의 꽃으로 가슴을 여미네

그 언제였던가
지나간 시절 되새김질하며
빈 마음으로 살아온 연분
흘러간 바람을 주워 담아보네

선운사 목탁 소리
그리움에 떨고 있는
붉은 꽃무릇

학습된 불효

삼십 년 전 아버지 형제가 모여서
할머니를 누가 모실까 상의하셨는데
다들 모시지 않는 이유를 댔다

지금, 우리 사 남매가 모였다
요양병원에 계시는 아버지를
누가 수발할 것인가 상의하였다

삼 형제는 바쁘다는 핑계를 들이밀고
당신 딸만 말이 없다

구십 넘은 노부는 병원과 요양원을 드나들며
뭔지 모를 불편한 마음이 가득하신 것 같다

30년 전 할머니도 당신 자식들 눈치를 보셨듯이
아버지가 자식들의 눈빛을 살피고 계신다

30년 후 아내와 나는
일남이녀 내 자식들의 짐이 되지 않을까!
인생이 아픈 이력이듯
보이지 않는 원을 그리며 돌아가고 있다

신의 부름으로 광야로 나갔어

신을 찾아 광야를 걸었어
광활한 광야는 넓고 푸르렀어

눈물마저 마른 슬픈 별들은 부서져 내리고
아무 생각 없이
아무 꿈도 없이
어둠의 불덩이를 이고 지고
조금도 쉬지 않고 그냥 걸었어

광야를 어디까지 가야 하는지
어디를 얼마를 더 가야 하는지
얼마를 더 자맥질해야 하는지

바람에 잦아드는 파고와 적막
아직 빛은 광야 수평선까지 어두운데
신은 내 눈물을 훔친 손등을 닦아내며
신은 어둠까지 껴안았지

신의 빛을 바라보며
드넓은 아름다운 광야를 마냥 걸었어
발목이 부러져도
그렇게 좋을 수가 없었어

그녀의 밤바다

꽃이 피는 건지, 지는 건지 알 수 없어도
그녀는 마흔한 살

해 질 녘 여수 바닷길 거닐며
바다로 가야 하는 배들이 태풍을 피해
항구로 몰려와 몸을 묶는 것을 바라본다

돌산대교 밑으로 흘러간 서른 즈음 없은 물살
거품을 물고 거센 파도에 물거품 되고
눈맞은 동백꽃 붉은 볼 뜨겁다

진분홍 꽃 배롱나무는 또, 바둥대는데
바다는 왜 이리 아픔으로 다가오는가!

여수 밤바다 파도는 그녀의 가슴을 때리고
물새는 날갯죽지를 펴 나를 채비를 하는데

바다는 자꾸 흘러만 가는 게 아니고
자꾸자꾸 흘러오는 것이라고
그녀가 마흔한 살이라고 그걸 알려주는데

인연의 끈

내가 그대의 시간을
그대가 나의 시간을

해를 품어
구름을 묶어서

달을 품어
별도 묶어서

내 허리에 칭칭 감아서
그대 허리에 칭칭 감아서

그대가 나에게
내가 그대에게

달콤하게
동여매는 것

너라서 다행이야

내 마음에
하루에도 열두 번씩 네가 다녀가서
문지방이 다 닳았다

너로 인해 외로워도
너로 인해 가슴 아려도
너로 인해 늘 비틀거려도

이 세상 수많은 사람 중에
너를 만나서
너를 선택한 것은
너라서
천만다행이다

한 번 가면
다시 돌아오지 않는 인생
너라서
내 가슴속에 내내
담아줄 수 있어서

넌 줄 알았는데

엄동설한
창가에 앉아 우는 새

그대
내가 그리워서 왔느냐

엄동설한
창문을 두드리는 바람

내가
그리워서 문고리만 흔드느냐

옷깃을 여미며 길을 가던
여인

넌 줄 알고 창문을 열었는데
아니다

그냥 매서운 바람만 부는구나!
넌 줄 알았는데

애매한 멍

부부가 헤어지면
이혼이라 하고

연인이 헤어지면
이별이라 하고

부부도 아니고
연인도 아닌
우리가 헤어지면 뭐라고 해야 하나?

비록 얼굴 한 번 본 적 없어도
내 가슴은 멍이 남았는데

설목雪木

쓸쓸한 저 그림 한 점
저문 겨울 뜨락에 나무 한 그루 앙상하다

민들레 꽃씨 가볍게 떨어지듯
이파리 지고서야 너의 마음을 그리워하듯
겨울바람은 그렇게 너를 쓸쓸히 탈곡하였구나

앙상한 몸뚱이 나뭇가지 마디마디
한 생을 나무와 이파리로
한 몸으로 살았다는 이유만으로
나뭇가지 열 손가락 마디마디 서리꽃 박혔구나

생은 또 다른 이별의 강변을 넘는 풍경
사랑아 너는 왜 이리 아린 것이냐
사랑아 너는 왜 이리 서리 맞고 홀로 우는 것이냐

흰색 수채 물감 잔뜩 묻힌 넓적한 붓
너는 손끝에서 거꾸로 쥐었구나

그녀는 나의 별

별을 따려고
구름을 다 걷어 냈어

밤을 새워 작업을 했는데
태양이 떴어

너무 뜨거워 다가가지 못하고
별이 뜰 때까지 밤을 기다리는데
달이 먼저 떴어

이제는 너무 추워 다가가지 못하고 있는데
별이 말하네

"그냥 오지 마
네가 간절히 원하기 때문에
내가 그대에게 내려갈게"

감수역

가끔 신호음과 함께 회색 화물열차만 지나는
잡초만 무성한 감수역
전주시 팔복동 끝자락 찾는 이 아무도 없다

대합실 안에 누가 있는 듯
먹이를 기다리는 거미는 투명한 그물을 치고
일렬로 기어가는 개미들 경작하며 분주하다

그 옛날 바쁘게 발 구르는 사람들은 오간 데 없고
이곳저곳 부서진 채 망가진 역사는 나의 폐허다

아무도 찾지 않은 무배치 간이역
열차는 안 오고 나뭇잎 태양에 쫓기어 떨어진 채
녹슨 철로의 부재를 알린다

그렇게 밤 열차는 그리움만 남기고 떠나고
가난에 지친 검던 머리 희끗거리고
오지 않을 사람 기다리는 설렘이 허덕인다

누군가는 끊임없이 만나고 헤어졌던 종착역
어두운 변두리 감수역 여름비는 그칠 줄 모르고
그리움이 아스라이 굴러다닌다

***
감수역 : 북전주 무배치 간이역

세상에 그런 사람이 있습니다

힘들고 아픈 시절
십자가의 보혈로 나를 지켜준 사람

새들이 내게 침을 뱉고 날아도
괜찮다 하며 내 어깨를 토닥이는 사람

가슴 아파 눈물 흘릴 때
따신 마음을 내어 내 눈물을 닦아주는 사람

세상에 이 세상에
그런 사람이 있습니다

또, 다시 벼랑 끝에 내몰리는 폭풍이 몰아쳐도
늘 곁에서 지친 내 어깨를 감싸주며 눈물을 닦아주
겠다는 사람

그런 사람이 내겐 있습니다
꽃같이 예쁘게 살자는 사람 있습니다

내 새끼들 등불이 되어다오

내 새끼들
아름다운 만다라화
사랑과 지혜의 항아리로 와서 머물러 다오
이 세상에서
가장 뽀송뽀송 눈부시고 찬란하게 자라다오

너희들에게는
어떤 난관의 가시 속에서도
꽃을 피워 낼 것이며
오직 겸손함과 희망만 있을 뿐이다

하늘의 은총으로
내 손녀 손자로 태어나 주어서
자랑스럽고 기쁘기 그지없구나
정말이지 사랑스러운 축복이구나

부디 내 새끼들 모두
건강하고 창조적인 재목으로 자라
그 어느 누구에게도 꼭 필요한
꽃 등불이 되어라

담쟁이

담벽의 항로
그 벽은 끝없는 벼랑 끝
그렇지만 담쟁이는
서두르지 않고 그 벽을 오르네

잎새 하나는 담벽에 가까스로 매달려서
여러 개 무성한 잎새 손을 잡고
절망이 앉았던 담벽에 올라
아름다운 연둣빛으로 물들게 하네

그 속에 차가운 바람을 맞고
때론 칼날 같은 서리 맞아 피는
여린 이파리 하나 멍들어 있네

남자가 살아가는 이유

나이 많은 내가 살아가는 이유는
나이 적은 너의 고통을 내가 대신하는 것이다

녹음 짙은 5월 끝자락 하늘은 잿빛으로 드리우고
그저 바다가 보이는 낯선 먼 곳으로 가겠다고
별 하나는 누구를 만나려고
도망치듯 여수행 KTX에 몸을 실었는가?

아마도 곱디고운 네 얼굴은
창백하고 불안에 싸인 엄마 잃은 겁먹은 얼굴
연두색 이파리 위에 앉아 파르르 떠는 청개구리 일
것이다

봄날의 대지는 옅은 안개 속으로
서풍은 하염없이 구름을 뒤로하고
너는 차창에 기댄 채 눈물만 흘렸을 거야

차창 밖 지평선은 안개 속으로
은하수처럼 깜빡이며 지나는데
저 하늘 고통은 누가 웃고 누가 우는가〉?

흰 명주 찢어 헤친 가냘픈 네 이야기
여수 밤하늘
반짝이는 저 직녀성 하나

매미의 찬가

맴맴
맴맴

애절한 그 공명
노래인가
울음인가

금방이라도
숨 멎을 것 같은 절규
미친 듯 내뿜는 몸부림
정녕 유혹의 몸짓인가?

사랑의 불꽃으로
온몸 후끈 타오르는
지금의 너!

그토록 지치게 울다
이 세상에 남기고 갈
서러운 흔적은 어찌하려는가?

손톱 발톱

내가 만나는 수많은 사람과 장소들
만나는 사람마다 손 악수하며 걸어 다니는
내 몸은 변방의 전달자

나의 고르거나 부끄러운
수많은 말과 행동을
손으로 발로 표현하는 내 몸의 대변인

태어나서부터 죽을 때까지
늘 나를 보호하고 지켜주는
내 몸 끝자락의 유일한 단단한 껍질

기쁜 일도 슬픈 일도 늘 묵묵히 함께하면서 살았 던, 그가
나도 모르게 자라날 때마다
나로 인하여 모질게도 버려지는 나,

그런 그가
내 몸에서 깎여 버려지는 나는
어디로 가는 것일까!

태조산에 눈이내린다

태조산에 눈이내린다

너와 나의 시간 속의 서럽게 물든 단풍이
눈꽃으로 물들어간다

우리 이제 서러워 말자

태조산 주능선의
천주교 병인 박해의 아픔을 품은 성거산도
칠백년 백제의 아픔을 간직한 위례성도
그 깊은 아픔을 간직하고 있기에

너와나 몸부림쳤던 울부짖음이
이제는 눈부신 채색에 의해
눈꽃으로 피어난다

태조산 중봉에 봉안된 각원사 청동좌불은
태조산 주봉을 뒤로하며
그 자비의 미소는 우리의 하얀눈꽃으로
피고 있으므로

천년고찰 성불사 노승의 목탁소리는
흑성산 붉은 단풍나무 숲길도
우리의 하얀발자국 세상을 만들고 있으므로

그리움은 물레로 해금을 켜듯
마른 꽃 한 송이
눈꽃을 만들어가며

태조산에 눈이내린다

*태조산: 충남 천안시 동남구 유량동에서 동남구 목천읍 덕전
리에 걸쳐 있는 421m의 산
고려 태조가 머물렀다 하여 태조산이라 부른다.

샘문시선집
한용운문학상 수상 기념 시집

고흐역에서 널 만나면

정승운 시집

발행일 _ 2024년 1월 31일
발행인 _ 이정록
발행처 _ 도서출판 샘문
저　자 _ 정승운
감　수 _ 이정록
기　획 _ 박훈식
편집디자인 _ 신순옥, 한가을
인　쇄 _ 도서출판 샘문
주　소 _ 서울특별시 중랑구 동일로 101길 56, 3층(면목동, 삼포빌딩)
전화번호 _ 02-491-0060 / 02-491-0096
팩스번호 _ 02-491-0040
이메일 _ rok9539@daum.net / saemteonews@naver.com
홈페이지 _ www.saemmoon.co.kr (사단법인 문학그룹샘문)
　　　　　www.saemmoonnews.co.kr (샘문뉴스)
출판사등록 _ 제2019-26호
사업자등록증 등록 _ 113-82-76122
샘문사이버교육원 (온라인 원격)-교육부인가 공식교육기관 _ 제320193122호
샘문평생교육원 (오프라인)-교육부인가 공식교육기관 _ 제320203133호
샘문뉴스 등록번호 _ 서울, 아52256
ISBN _ 979-11-91111-61-3

본 시집의 구성은 작가의 의도에 따랐습니다.
이 책의 저작권은 저자와 도서출판 샘문에 있습니다.
무단 전재 및 표절, 복제를 금합니다.

파손된 책은 구입처에서 교환해 드립니다.
본지는 한국간행물 윤리위원회 윤리강령 및 실천요강을 준수합니다.

문집 출간 안내

도서출판 **샘문** 에서는

베스트셀러 명품브랜드 〈샘문시선〉에서는 각종 시집, 시조집, 수필집, 동시집, 동화집, 소설집, 평론집, 칼럼집, 꽁트집, 수상록, 시화집, 도록, 이론서, 자서전 등 문집을 만들어 드립니다.
도서출판 샘문에서는 저자님의 소중한 작품집이 많은 독자님들에게 노출되고 검색되고 구매하여 읽히고 감상할 수 있도록 그 전 과정을 기획, 교정, 교열, 퇴고, 윤문(첨삭,감수), 디자인, 편집, 인쇄, 제본, 서점 등록(납품,유통), 언론홍보, SNS홍보 등, 출판부터 발매 까지의 전략을 함께해 드립니다.

📖 출판정보

샘문시선은 도서출판비를 30% 인하 하였습니다. 국제원자재값 폭등으로 인하여 문집 원자재인 종이값 등이 3번에 걸쳐 43% 상승하였으나 이를 반영하지 않았습니다.

- 📢 저자가 필요한 수량만큼 드리고 나머지는 서점 유통
- 📢 시집 표지는 최고급으로 제작함 – 500부 이상
- 📢 제목은 저자 요청시 금박, 은박, 에폭시로도 제작함
- 📢 면지는 앞뒤 4장, 또는 칼라 첨지로 구성해드림
- 📢 본문은 100g 미색 최고급지 사용함(눈 보안용지, 탈색방지)
- 📢 본문 200페이지 이상은 80g 사용
- 📢 저서봉투 – 고급봉투 인쇄 무료 제공
- 📢 출간된 책 광고(본 협회 => 홈페이지, 샘문뉴스, 내외뉴스, 페이스북 13개그룹(독자&회원 10만명), 카페 3개, 블로그 2개, 카톡단톡방 12개, 유튜브, 카카오스토리, 인스타그램, 문예지 4개, 문학신문 등)
- 📢 견적 ▷ 인세 계약서 작성 ▷ 기획 ▷ 감수 ▷ 편집 ▷ 재감수 ▷ 재편집 ▷ 인쇄 ▷ 제본 ▷ 택배 ▷ 서점 13개업체 납품 ▷ 저자에게 납품 ▷ 유통 ▷ 홍보 ▷ 판매 ▷ 인세지급
- 📢 출판기념회는 저자 요청시 본사 문화센터(대강의실) 무료 대여 가능(70명 수용가능) 현수막, 배너, 무대 조명, 마이크, 음향, 디지털 빔, 노트북, 줌시스템, 모니터, 컴퓨터, 석수, 커피, 차, 무료 제공
- 📢 저자 요청시 저자의 작품 전국대회에서 수상한 시낭송가가 낭송하여 유튜브 동영상 제작 => 출판기념식 및 시담 라이브 방송
- 📢 저자 요청시 네이버 생방송 출판기념회 가능(유튜브 연동) – 네이버 라이브 커머스쇼
- 📢 뒷 표지에 QR코드 삽입가능 – 저자의 작품 시낭송 유튜브 동영상 등(요청시)
- 📢 교정, 교열, 감수, 윤필(첨삭감수), 평설, 서문 등(유명한 시인, 수필가, 소설가, 문학평론가, 항시 대기)

문집 출간 안내

📖 빅뉴스

이정록 시인의 〈산책로에서 만난 사랑〉이 네이버 선정 베스트셀러로 선정 된 이후 〈내가 꽃을 사랑하는 이유〉, 〈양눈박이 울프〉, 〈꽃이 바람에게〉, 〈바람의 애인, 꽃〉 시집이 연속 교보문고 베스트셀러에 선정 되고 5권 전부 출간 순서대로 골든존에 등극하였다. 평생 한 번도 어렵다는 자리를 이정록 시인은 5년 동안 5번에 오르고 현재도 이번 2022년 5월경에 출간된 [바람의 애인, 꽃] 영문판과 [담양장날]이 출간을 기다리고 있다

〈서창원 시인, 2회〉, 〈강성화 시인〉, 〈박동희 시인〉, 〈김영운 시인〉, 〈남미숙 시인〉, 〈최성학 시인〉, 〈이수달 시인〉, 〈김춘자 시인〉, 〈이종식 시인〉 외 한용운문학상 수상 시인인 〈서창원 수필가〉, 〈정세일 시인〉, 〈김현미 시인〉가 올랐고, 2022년 올 봄에는 〈정완식 소설가〉 『바람의 제국』이 소설집으로는 최초로 〈네이버 선정 베스트셀러〉 반열에 올랐고, 〈이동춘 시인〉에 『춘녀의 마법』 시집이 『네이버 선정 베스트셀러』 반열에 올랐다. 그리고 컨버전스공동 시선집과 한용운공동 시선집도 간간히 베스트셀러를 하고 있는 〈베스트셀러 명품브랜드〉 『샘문시선』이다

〈샘문시선〉은 〈베스트셀러_명품브랜드〉로서 고객님들의 〈평생가치를 지향〉하는 〈프리미엄 브랜드〉입니다. 고객이신 문인 및 독자 여러분, 단체, 기관, 학교, 기업, 기타 고객분들을 〈평생 고객〉으로 모시겠습니다. 많은 사랑 부탁드립니다

📖 샘문특전

📢 교보문고, 영풍문고, 인터파크, 알라딘, 예스24시, 11번가, Gs Shop, 쿠팡, 위메프, G마켓, 옥션, 하프클럽, 샘문쇼핑몰, 네이버 책, 네이버쇼핑몰, 네이버 샘문스토어 등 주요 오프라인 서점, 온라인 서점, 오픈마켓 서점에서 공급 및 유통하고 있습니다.

📢 기획, 교정, 편집, 디자인에 최고의 시인 및 작가, 편집가, 디자이너, 평론가, 리라이팅(첨삭 감수) 및 감수 전문가들이 참여하여 감성, 심상이 살아 있는 시집, 수필집, 소설집, 등 각종 도서를 만들어 드립니다.

📢 인쇄, 제본, 용지를 품질 좋은 우수한 것만 사용합니다.

📢 당 출판사 〈한용운공동시선집〉, 〈컨버전스공동시선집〉과 〈한국문학공동시선집〉, 〈샘문시선집〉을 자사 신문인 (샘문뉴스)와 제휴 신문인(내외신문), 글로벌뉴스와 홈페이지(2군데), 샘문쇼핑몰, 네이버 샘문스토어, 페이스북, 밴드, 카페, 블로그를 합쳐서 10만명의 회원들이 활동하는 SNS 20개 그룹 공개 지면 및 공개 공간을 통해 홍보해 드립니다.

📢 당 출판사를 통해 국립중앙도서관 및 국회도서관 및 전국 도서관에 납본하여 영구적으로 보존해 드립니다.

📢 당 문학그룹 연회비 납부 회원은 30만원 상당에 〈표지용 작품〉을 제공 받습니다.